# EXPOSÉ DES MOYENS

## QUI ONT ÉTÉ EMPLOYÉS

## PAR L'EMPEREUR NAPOLÉON,

### POUR USURPER LA COURONNE D'ESPAGNE.

(C.)

# EXPOSÉ DES MOYENS

## QUI ONT ÉTÉ EMPLOYÉS

# PAR L'EMPEREUR NAPOLÉON

## POUR USURPER LA COURONNE D'ESPAGNE.

### PAR DON PEDRO CEVALLOS,

PREMIER SECRÉTAIRE D'ÉTAT ET DE DÉPÊCHES DE
S. M. C. FERDINAND VII.

*Publié à Madrid, le 1ᵉʳ. septembre 1808, et
traduit par* M. NETTEMENT, *ancien Secrétaire de
la Légation française à Londres, avec des notes
historiques.*

## A PARIS,

CHEZ PETIT, LIBRAIRE, PALAIS-ROYAL,
GALERIE-DE-BOIS, Nº. 257.
DE L'IMPRIMERIE DE L. G. MICHAUD,
RUE DES BONS-ENFANTS, Nº. 34.

———

2 AVRIL 1814.

# PRÉFACE
## DU TRADUCTEUR.

Un petit nombre d'hommes éclairés, et surtout un grand homme d'état, avaient prévu que le projet d'envahissement de l'Espagne devait marquer l'époque de la décadence du grand empire de Napoléon. Plus il ajoutait d'éléments hétérogènes à sa masse, plus les différentes parties de ce colosse tendaient à s'écrouler sur leur base fragile. Mais tel était l'ascendant qu'avait su prendre un seul homme sur les destinées du monde, qu'entraînés dans sa marche rapide, et éblouis, ou plutôt épouvantés par des succès toujours nouveaux, les peuples n'attendaient plus leur délivrance que du temps et de la providence. Tel est néanmoins le sort de tous les conquérants, que tôt ou tard ils détruisent eux-mêmes leur ouvrage. Celui-ci surtout, en affichant un souverain mépris pour toute l'espèce

humaine, croyait faire oublier par-là la bassesse de son origine ; mais ces dédains lui
attiraient de plus en plus la haine publique,
et quoique allié au sang le plus illustre (événement inespéré qui eût dû purifier tout
son être ), le noble prestige de l'honneur
et de la vraie gloire ne paraissait dans aucune de ses actions. Le sentiment du vrai
et du juste ne put jamais germer dans son
ame ; et Dieu, qui l'avait jeté sur la terre
comme un fléau, voulait qu'*il fût lui-même* l'artisan de sa perte. Ainsi, plus les
progrès de Napoléon vers la monarchie
universelle étaient rapides, plus sa chute
était prochaine.

L'insensé ! il s'était enivré jusqu'à croire
que sa volonté seule devait opérer des prodi-
ges. Ses ministres et ses courtisans, toujours
enrichis et toujours insatiables, partageaient
la même erreur, et bientôt l'univers n'eût
pas été assez grand pour récompenser de
vils esclaves. Mais le peuple entier était op-
primé, et l'insolente aristocratie créée par
Bonaparte ne brillait que d'un faux éclat,
symptôme d'une dissolution prochaine.

A Dieu ne plaise que nous confondions dans un même tableau tous ceux qui ont rempli des fonctions publiques sous Napoléon. La France et l'Europe sauront distinguer ses flatteurs et ses ames damnées, de ceux qui ont trop long-temps gémi sous sa tyrannie, et qui n'ont cédé qu'au sentiment de la crainte qu'il imprimait à tous ses sujets.

La France respire enfin, depuis que des forces étrangères, conduites par un grand, un *véritable* empereur, sont venues secouer avec nous les fers qu'un tyran orgueilleux et insensé voulait faire peser sur le monde entier. La France respire après vingt ans de malheurs, et notre longue et sanglante révolution est finie, puisque les temps marqués par la providence sont accomplis, et que le trône français va être régénéré sous le sceptre antique des lys. Hâte-toi, généreuse Albion, de nous rendre ce dépôt précieux, et avec lui cette *liberté des mers*, qu'un tyran ombrageux nous avait ravie *pour nous en faire jouir!*

Puissé-je, comme M. de Cevallos, exciter parmi mes concitoyens ce noble enthousiasme qui a sauvé la monarchie espagnole ! C'est le but que je me propose en publiant son exposé, qui sera nouveau pour nous, quoiqu'il ait près de six ans de date, puisque nous avons tout ignoré jusqu'à présent, et que nous pouvons enfin respirer, penser et parler en liberté. Nous écrirons pour nos enfants et pour nos neveux, qui, grâce au ciel, ne seront plus moissonnés chaque année comme l'herbe des prairies, et, plus sages que nous, ou plutôt instruits par nos malheurs, ils ne voudront jamais changer de maîtres. *Sola vexatio dabit intellectum !*

NETTEMENT,

*Rue Neuve-des-Petits-Champs*, N°. 101.

# EXPOSÉ

*Des moyens qui ont été mis en usage par l'empereur Napoléon pour usurper la couronne d'Espagne.*

« Oui , et nous osons le prédire, cette guerre sa-
» crilége que Napoléon a suscitée tournera à
» sa confusion ; les cabinets de l'Europe ou-
» vriront enfin les yeux sur ses projets dévas-
» tateurs, et les peuples réunis ne formeront
» plus qu'un seul vœu, qui sera commandé
» par le salut de tous, celui de sa destruction. »

( *Fin de l'Exposé.* )

La noble et courageuse prophétie de M. de
Cevallos a été accomplie le 31 mars 1814.

AUJOURD'HUI que la nation espagnole fait les
efforts les plus héroïques pour secouer le joug
de l'esclavage qu'on a voulu lui imposer, il est
du devoir des bons citoyens de chercher, par
tous les moyens qui sont en leur pouvoir, à
l'éclairer relativement aux causes réelles qui
ont amené la catastrophe actuelle, et à répandre et fortifier ce noble enthousiasme dont elle
est animée.

Personne ne peut mieux que moi rendre compte d'événements dont j'ai été témoin oculaire, et auxquels j'ai pris une si grande part, *et quorum pars magna fui.* Je vais faire connaître à l'Espagne et au monde entier les basses intrigues auxquelles l'empereur des français a eu recours pour s'emparer de la personne de notre Roi, Ferdinand VII, et pour subjuguer cette grande et généreuse nation. Je n'ai pu me livrer plutôt à ce travail, parce que je n'avais ni la liberté, ni les moyens de recueillir les documents nécessaires pour donner à cet exposé tout le poids de l'évidence. Il me manque plusieurs pièces, que j'ai été obligé de brûler à cause des circonstances critiques où je me suis trouvé; mais celles qui me restent suffiront pour prouver la violence atroce qu'on a exercée contre notre bien-aimé Roi Ferdinand VII, et contre toute la nation.

Quoique la conduite de l'Espagne à l'égard de la France, depuis la paix de Basle, laquelle forme une partie très intéressante de son histoire politique dans ces derniers temps, soit intimement liée avec les événements importants que je vais retracer, il n'est pas nécessaire d'entrer à ce sujet dans de grands détails. Il suffira de dire, chose qui est connue de la nation et de l'Europe entière, que pendant toute cette époque, l'Espagne n'a jamais suivi d'autre système politique, que de vivre dans la meilleure intelligence avec la France, et de maintenir, à tout prix, l'alliance ruineuse conclue en 1796.

Pour parvenir à ce but, il n'y a point de sacrifices que l'Espagne n'ait faits; et ce système a été maintenu avec d'autant plus de constance et de soins assidus, que la conservation de cette haute faveur dont le prince de la paix jouissait sous Charles IV, dépendait en grande partie de cette mesure.

Flottes, armées, trésors, tout était sacrifié à la France; humiliations, soumissions, rien n'était épargné pour satisfaire, autant qu'il était possible, aux demandes insatiables du gouvernement français; mais il ne vint jamais à l'idée du gouvernement de se prémunir contre les projets d'un allié, qui tendait à l'asservissement de toute l'Europe.

Le traité de Tilsit, qui semblait fixer les destinées du monde en sa faveur, était à peine conclu, qu'il tourna ses regards du côté de l'ouest, projetant la ruine du Portugal et de l'Espagne; ou ce qui revient au même, voulant se rendre maître de cette vaste péninsule, dans la vue de faire jouir ses habitants de ces mêmes bienfaits qu'il répandait sur les peuples de l'I-

talie, de la Suisse, de la Hollande, et de la côn-
fédération du Rhin.

L'empereur avait, dès cette époque, conçu
des projets funestes à l'Espagne, puisqu'il commença par la désarmer, en demandant une partie considérable de nos troupes, qu'il envoya
dans le nord pour les faire servir à des intérêts
étrangers. Il n'éprouva à ce sujet aucune opposition, et on lui abandonna 16,000 hommes de
nos meilleures troupes de toutes armes.

Cette entreprise de se rendre maître de l'Espagne n'était pas aussi facile que Napoléon
l'imaginait. Il était, avant tout, nécessaire de
trouver quelque prétexte pour mettre à exécution le plan hardi et gigantesque de subjuguer
une nation amie et alliée, qui avait fait tant
de sacrifices pour la France, et dont ce même
empereur avait loué la fidélité et la noblesse de
caractère.

Néanmoins, étant accoutumé à agir sans
prendre conseil du moindre sentiment de dé-
licatesse dans le choix de ses moyens, chose
qui ne doit pas surprendre dans un homme qui
s'imagine avoir trouvé le chemin de la vraie
gloire dans les horreurs de la guerre et de la
destruction de l'espèce humaine, il résolut de
jeter et de fomenter la discorde parmi la fa-

mille royale d'Espagne, par les intrigues de son ambassadeur auprès de cette cour.

Ce dernier, sans être initié peut-être dans le grand secret de son maître, réussit à séduire le prince des Asturies, et il lui suggéra l'idée de demander en mariage une princesse de la famille de l'empereur Napoléon. L'affection à laquelle son altesse royale se trouvait en proie par un concours de circonstances, aussi notoires que déplorables, et le désir qu'elle avait de se soustraire à une autre union qu'on voulait lui faire contracter avec une dame choisie par son plus grand ennemi; union qui, par ce seul motif, lui devenait insupportable, l'engagèrent à adopter le plan de l'ambassadeur, mais à la condition que ses augustes parents y donneraient leur consentement; et ne voyant d'ailleurs dans cette mesure qu'un nouveau moyen de cimenter l'amitié et l'alliance qui existaient alors entre les deux couronnes, S. A., guidée par des motifs si puissants sous le point de vue politique, et entraînée par les sollicitations de l'ambassadeur, écrivit en conséquence à S. M. I. pour lui faire part de ses dispositions.

C'est peu de jours après que notre bien-aimé prince eut écrit cette lettre, qu'eut lieu l'emprisonnement scandaleux de son auguste personne dans le monastère royal de St.-Laurent, et que parut ce décret, encore plus scandaleux, qui fut proclamé au nom du roi, et adressé au conseil de Castille. Il y a de très fortes raisons de croire que la main inconnue qui fit avorter cette feinte conspiration fut quelque agent français employé à l'exécution du plan que Napoléon avait formé.

Fort heureusement la nation espagnole sentait tout le poids de sa situation, elle rendait justice aux bonnes dispositions et aux principes religieux du prince des Asturies, et elle soupçonna sur-le-champ le favori d'avoir élevé tout cet échafaudage de calomnies, aussi absurdes qu'audacieuses, afin d'écarter le seul obstacle qui s'opposât alors à ses vues ambitieuses.

C'est une chose déjà connue, que lors de l'emprisonnement du prince des Asturies, le roi son père écrivit à l'empereur, sans doute à l'instigation du favori, pour se plaindre de la conduite de l'ambassadeur Beauharnais, et de ses liaisons clandestines avec le prince des Asturies. Le roi témoignait en même temps sa surprise que S. M. I. ne se fût pas préalablement entendue avec lui sur un objet d'une aussi grande importance pour des souverains.

Comme l'emprisonnement du prince des Asturies, et plus encore, ce décret si scandaleux contre sa personne, avaient produit un effet tout contraire aux projets du favori, celui-ci commença à concevoir des craintes, et il chercha à sortir d'embarras en paraissant être l'arbitre d'une réconciliation entre le prince et ses augustes parents. Ce fut dans cette vue qu'il fit signer au prince encore prisonnier, ces lettres qui ont paru dans les pièces du procès de l'Escurial, et qui semblaient avoir rétabli la bonne harmonie entre le père et le fils, tandis que ce dernier ne devait jouir en effet que d'une liberté apparente et illusoire.

Tel était l'état des choses, lorsqu'un courrier français arriva au Palais-Royal de St.-Laurent, porteur d'un traité conclu et signé à Fontainebleau, le 27 octobre, par don Eugenio Izquierdo, comme plénipotentiaire de sa Majesté Catholique; et le maréchal Duroc, au nom de l'empereur des Français. Ce traité, ainsi que la convention séparée, sont annexés aux pièces jointes à cet exposé, sous les Nos. I et II.

Il est à remarquer que le département des affaires étrangères, à la tête duquel je me trouvais placé, n'avait pas la moindre connaissance de la mission de don E. Izquierdo à Paris. Sa nomination, ses instructions, sa correspondance, tout cela m'avait été caché avec le plus grand soin.

Le résultat de ce traité était de rendre l'empereur maître du Portugal à très peu de frais ; de lui fournir un prétexte plausible pour faire entrer ses armées dans notre péninsule, avec l'intention de la subjuguer dans une conjoncture favorable, et enfin de le mettre en possession immédiate de la Toscane.

Le favori devait avoir pour sa portion les Algarves et Alantejo, en toute propriété et souveraineté ; mais la réponse de l'empereur aux lettres du roi n'était pas encore arrivée ; on était à ce sujet dans l'incertitude la plus complète, et cette circonstance laissait le favori en proie aux plus vives inquiétudes.

Les relations intimes que le prince de la Paix entretenait à cette époque avec le grand-duc de Berg, par l'intermédiaire d'Izquierdo, son confident, le flattaient à un certain point de l'espoir que tout s'arrangerait au gré de ses vœux, à quelques millions près dont il faudrait peut-être faire le sacrifice. Mais ni le favori, ni son confident, ne connaissaient les intentions réelles de la personne avec laquelle ils traitaient à Paris. En effet, du moment que l'empereur vit que le favori s'était lui-même compromis, et que le roi et la reine avaient perdu de leur popularité, il éluda de répondre aux lettres de Sa Majesté, à l'effet de les tenir en suspens ; et de leur inspirer des craintes , dans l'espoir qu'ils pourraient se résoudre à se réfugier dans les colonies espagnoles , quoique Napoléon n'eût pas encore , à cette époque , fait toutes ses dispositions pour tirer avantage d'une telle conjoncture.

Le grand-duc écrivit au favori, qu'il mettrait tout en usage pour le soutenir; mais que la négociation était devenue très délicate , soit en raison de l'attachement extraordinaire qu'on portait en Espagne au prince des Asturies, soit à cause des égards que l'on devait à une princesse, cousine de l'impératrice, et en conséquence du rôle que l'ambassadeur Beauharnais, son parent, avait joué dans cette intrigue (1).

Ce fut alors que le favori commença à voir clairement combien son crédit avait baissé, et il se regarda comme perdu, dès qu'il se vit privé de l'appui de son protecteur imaginaire, l'empereur des Français. Il employa en conséquence tous les moyens en son pouvoir pour se ménager la faveur du grand-duc de Berg. Protestations , assurances réitérées de son profond dévoûment , rien ne fut épargné; et pour

_____

(1) Tout cela résulte de la correspondance du favori avec le grand-duc de Berg, pendant la lieutenance de ce dernier.

détourner encore plus efficacement la tempête qui était prête à éclater, il détermina le roi et la reine à écrire directement à l'empereur, et à lui demander son consentement pour le mariage de l'une de ses cousines avec le prince des Asturies.

Sur ces entrefaites, l'empereur des Français parut très-mécontent de la conduite d'Izquierdo, et il le tint à l'écart, afin de couper ce moyen direct de communication, et de se rendre plus impénétrable.

Sa M. I. se mit en route pour se rendre en Italie, affichant, comme dans tous ses autres voyages, le plus grand luxe, et se donnant un tel air d'importance, qu'il semblait, que dans celui-ci, il fût question de fixer les destinées du monde. Mais il est vraisemblable que l'empereur voulait attirer l'attention générale de ce côté, pour tromper plus sûrement les autres états sur son véritable but, qui n'était autre que d'envahir l'Espagne et le Portugal.

Cet artifice et cette dissimulation n'empêchèrent pas néanmoins qu'on ne découvrît un des articles du traité secret de Fontainebleau, par la précipitation qu'il mit à chasser de la Toscane la reine régente et son fils, à piller le palais et à s'emparer du trésor public et de la fortune particulière d'une cour qui ignorait l'existence d'un semblable traité, et qui n'avait commis aucun acte de forfaiture.

Pendant que l'empereur tenait l'Europe en suspens par son voyage à Milan et à Venise, il crut devoir répondre aux lettres que le roi, Charles IV, lui avait écrites quelque temps auparavant, déclarant à S. M. qu'il n'avait jamais été informé des circonstances qu'elle lui avait communiquées relativement à son fils le prince des Asturies, et qu'il n'avait jamais reçu aucune lettre de S. A. R. (1). Néanmoins l'empereur consentait au mariage qui lui était proposé d'une princesse de sa famille avec le prince des Asturies, dans la vue sans doute d'amuser les augustes parents; tandis qu'il envoyait en Espagne, sous divers prétextes, toutes les troupes qu'il avait alors de disponibles, ayant soin de faire propager l'opinion qu'il était favorable à la cause du prince des Asturies, et cherchant ainsi à se concilier le suffrage de la nation Espagnole.

Le roi et la reine frappés de terreur, et le favori encore plus épouvanté, n'opposèrent

---

(1) Voyez la lettre N°. III de S. M. I. au roi Ferdinand, dans laquelle il reconnaît avoir reçu la lettre que le prince des Asturies lui avait écrite, à l'instigation de l'ambassadeur Beauharnais.

aucune résistance à l'entrée des troupes françaises dans la Péninsule, et ils donnèrent au contraire les ordres les plus formels pour qu'elles y fussent reçues et même traitées sur un meilleur pied que les troupes espagnoles elles-mêmes.

L'empereur, sous prétexte de veiller à la sûreté de ses troupes, ordonna à ses généraux d'employer la ruse ou la force, pour se rendre maîtres des forteresses de Pampelune, de St.-Sébastien, de Figuières et de Barcelonne, qui pouvaient seules opposer quelque obstacle à une invasion. En conséquence on s'en empara par surprise ou par adresse, ce qui jeta partout la consternation et souleva l'indignation d'un peuple que les Français affectaient encore de regarder comme ami et comme allié.

L'empereur se regardait déjà comme maître de toute l'Espagne, et pensant que le temps était arrivé d'accélérer l'exécution de son plan, il jugea convenable d'écrire au roi pour se plaindre, dans les termes les plus amers, que S. M. n'eût pas réitéré sa demande d'une princesse impériale pour son fils le prince des Asturies. Le roi répondit qu'il adhérait à sa première proposition; il témoigna le plus grand désir que le mariage eût lieu sur-le-champ.

Certaine mesure importante était encore né-

cessaire pour donner à son projet le degré de
maturité convenable, et l'empereur ne voulant
pas la confier au papier, il jugea qu'il ne pouvait employer de meilleur instrument que don
E. Izquierdo, qu'il avait retenu à Paris dans
un état de découragement et de terreur, à dessein de le mieux faire servir à ses vues, le pré-
parant ainsi à inspirer au roi, à la reine, et
au favori, les mêmes dégoûts et les mêmes
craintes.

Dans cet état de choses, l'empereur ordonna
à Izquierdo de se rendre en Espagne, ce qu'il
fit avec beaucoup de mystère et de précipitation. D'après ses propres aveux, il n'apportait
aucune proposition par écrit, ni n'en devait
recevoir aucune, et il avait l'ordre de ne rester
que trois jours à Madrid. Ces circonstances
étaient si impérieuses, qu'au moment de son
arrivée à Aranjuez, le favori le conduisit chez
LL. MM., et les conférences qui eurent lieu
furent tellement secrètes, qu'il fut impossible
à qui que ce fût de découvrir l'objet de sa mission; mais bientôt après son départ de la capitale, on s'aperçut que la cour faisait des dispositions qui annonçaient son intention d'abandonner l'Espagne, et de se réfugier au Me-
xique.

La conduite récente de la famille royale en

Portugal semblait s'accorder parfaitement avec les vues de l'empereur, et il y a tout lieu de croire que S. M. I. se promettait un semblable succès en Espagne. Mais qu'il connaissait mal le caractère espagnol, en se flattant d'un tel espoir ! Dès les premiers bruits qui se répandirent de l'intention où était la famille royale d'abandonner leur résidence ( et ce plan ne pouvait être tenu secret à cause des préparatifs qu'il exigeait, et qui le trahirent à l'instant ), le mécontentement se peignit sur toutes les figures d'une manière si énergique, et la crainte monta tellement toutes les têtes, que ces démonstrations d'opposition de la part de toutes les classes des habitants de la capitale, suffirent pour engager LL. MM. à démentir ce bruit, et à donner au peuple l'assurance qu'elles ne voulaient pas l'abandonner.

Néanmoins, la défiance générale était si grande, le danger public si pressant, et le projet d'émigrer se manifestait toujours par des symptômes si alarmants, que chacun était sur le qui vive, et que tous paraissaient pénétrés de la nécessité de s'opposer à une mesure aussi désastreuse. On n'eut plus aucun doute de ce qui se tramait, et l'explosion fut telle, qu'elle produisit les scènes tumultueuses d'Aranjuez, des 17 et 19 mars, le peuple n'ayant été excité à cette insurrection que par le sentiment de son propre salut. Il en résulta l'emprisonnement du favori à qui il ne manquait que le titre de roi, puisqu'il avait exercé si long-temps toutes les fonctions de la royauté. LL. MM. se trouvant ainsi affranchies des conseils de leur premier ministre, prirent spontanément, mais volontairement, la résolution qu'elles avaient formée depuis quelque temps d'abdiquer le trône en faveur de leur fils le prince des Asturies.

L'empereur, ignorant un événement aussi soudain, et n'ayant peut-être jamais imaginé que les Espagnols fussent capables de montrer une telle énergie, avait ordonné au prince Murat de s'approcher de Madrid avec son armée, dans la persuasion où il était que la famille royale serait déjà sur les côtes, et prête à s'embarquer, et que loin d'éprouver le moindre obstacle de la part du peuple, il serait au contraire reçu à bras ouverts par la multitude, comme un libérateur. Il croyait que la nation était mécontente au plus haut point de son gouvernement, tandis que le mécontentement n'était dirigé que contre les abus qui s'étaient glissés dans l'administration.

Aussitôt que le grand duc de Berg eut appris les événements d'Aranjuez, il s'avança avec toute son armée pour occuper la capitale du royaume ; ayant sans doute l'intention de profiter des circonstances, et de prendre les mesures les plus convenables pour réaliser, n'importe par quels moyens, le plan de se rendre maître de l'Espagne.

Cependant, l'obscurité mystérieuse des projets de l'empereur, la proximité de ses troupes et l'ignorance où était Ferdinand VII de l'objet de son voyage du côté de l'Espagne, engagèrent le roi à employer les moyens qu'il jugea les plus propres à se concilier ses bonnes grâces. Non content de lui avoir communiqué son avènement au trône de la manière la plus amicale, il nomma une députation de trois grands d'Espagne pour se rendre à Baïonne, et pour complimenter en son nom S. M. I. Il chargea un autre grand d'Espagne d'aller pareillement complimenter le grand-duc de Berg, qui était déjà arrivé dans les environs de Madrid.

Un des moyens auxquels l'agent français eut recours incontinent, ce fut d'assurer le roi et de faire répandre partout que S. M. I. pouvait arriver d'un moment à l'autre. Dans cette persuasion, on donna les ordres nécessaires pour préparer dans le palais des appartements convenables à la dignité d'un hôte aussi auguste, et le roi écrivit de nouveau à l'empereur pour lui annoncer combien il lui serait agréable de connaître personnellement S. M., et de l'assurer verbalement de son désir ardent de cimenter de plus en plus l'alliance qui subsistait entre les deux souverains.

Le grand-duc de Berg était sur ces entrefaites entré à Madrid à la tête de ses troupes. Il ne fut pas plutôt au courant de la situation des affaires, qu'il commença par semer la discorde. Il parla d'une manière mystérieuse de l'abdication de la couronne, qui avait eu lieu durant les troubles d'Aranjuez, et il donna à entendre que jusqu'à ce que l'empereur eût reconnu Ferdinand VII, il lui était impossible de traiter avec lui comme souverain, et qu'il se voyait dans la nécessité de n'avoir de rapports qu'avec le roi son père.

Ce prétexte ne manqua pas de produire l'effet que le grand-duc en attendait. Le roi et la reine, du moment qu'ils furent informés de cette circonstance, en profitèrent pour sauver le favori qui était détenu, et en faveur duquel le prince Murat ne montrait tant d'intérêt qu'à dessein de flatter LL. MM., de mortifier Ferdinand VII, et de jeter de nouvelles semences de discorde entre le fils et ses augustes parents.

C'est dans ces circonstances que le nouveau roi fit son entrée publique à Madrid. Elle n'eut d'autre éclat et d'autre pompe, que l'immense

concours des habitants de la capitale et des
environs, qui témoignèrent par les plus vives
acclamations et par l'expression simultanée de
leur joie, les sentiments d'amour et de loyauté
dont ils étaient animés pour leur nouveau souverain : scène vraiment auguste et attachante,
où le jeune roi parut comme un père au milieu
de ses enfants, qui tous le contemplaient comme
le régénérateur et le sauveur de la monarchie.

Le grand-duc de Berg fut témoin oculaire
de ces transports d'allégresse ; mais loin d'a-
bandonner son plan, il mit encore plus d'ar-
deur à en poursuivre l'exécution. Il avait déjà
réussi à mettre le roi et la reine dans ses intérêts ; mais il sentait l'impossibilité de rien entreprendre de décisif, tant que Ferdinand **VII**
se trouverait environné de ses sujets, et il résolut en conséquence de tout tenter pour l'é-
loigner de Madrid.

Pour accomplir ce projet, le grand-duc faisait, à tout moment, répandre le bruit de l'arrivée d'un nouveau courrier, apportant la nouvelle du départ de l'empereur de Paris, et de
son arrivée prochaine à Madrid. Il commença
dabord par engager l'infant don Carlos à partir
pour aller au-devant de S. M. I., dans la suppo-
sition que ce voyage serait de courte durée, et
que S. A. rencontrerait l'empereur avant deux

jours de marche. Le roi Ferdinand, guidé par les motifs les plus purs et les plus généreux· autorisa son auguste frère à entreprendre ce voyage ; mais le grand-duc de Berg n'eut pas plutôt réussi à obtenir le départ de l'infant, qu'il mit tout en usage pour engager le roi à faire la même chose, donnant à S. M. l'assurance la plus positive que cette démarche aurait les plus heureux résultats pour elle et pour tout le royaume.

Tandis que le grand-duc de Berg, l'ambassadeur Beauharnais, et tous les autres agents français agissaient dans ce sens, ils étaient, d'un autre côté, très-actifs auprès du vieux roi et de la reine, pour les déterminer à protester contre l'abdication qu'ils avaient faite de la couronne, abdication qui avait eu lieu de leur propre mouvement, et avec les formalités accoutumées, en faveur de leur fils et héritier légitime.

S. M., quoique si vivement pressée d'aller à la rencontre de l'empereur, flottait néanmoins péniblement, incertaine entre la nécessité de faire envers son allié une démarche de courtoisie, qui devait, disait-on, avoir de si heureux résultats, et la répugnance qu'elle ressentait à abandonner ses bons et loyaux sujets dans des circonstances aussi critiques.

Dans cette situation embarrassante, je fus
constamment d'avis, en ma qualité de ministre
du roi, que S. M. ne devait pas quitter sa capitale avant qu'on eût été informé de l'entrée
de l'empereur en Espagne, et de son arrivée
prochaine à Madrid; et que même, dans ce
cas, le roi devait mesurer son voyage de manière à ne pas s'absenter une seule nuit de sa
capitale.

S. M. persista pendant quelques jours dans
la résolution de ne pas quitter Madrid, tant
qu'on n'aurait pas reçu la nouvelle certaine de
l'arrivée prochaine de l'empereur, et elle eût
probablement persévéré dans cette détermination, si le général Savary n'était pas venu ajouter un nouveau poids aux sollicitations réitérées
du grand - duc, et de l'ambassadeur Beauharnais.

Le général Savary arriva, comme envoyé de
l'empereur, et il demanda, en cette qualité,
une audience de S. M. Elle lui fut accordée sur-
le-champ : il annonça « Qu'il était envoyé par
» S. M. I. uniquement pour complimenter le
» nouveau roi, et pour savoir si ses sentiments,
» relativement à la France, étaient conformes
» à ceux du roi son père, déclarant que, dans
» ce cas, l'empereur fermerait les yeux sur
» tout ce qui s'était passé, qu'il n'intervien-

» drait en aucune manière dans les affaires in-
» térieures du royaume, et qu'il reconnaîtrait
» sur-le-champ S. M. comme roi d'Espagne et
» des Indes. »

On fit au général Savary la réponse la plus
satisfaisante, et la conversation fut continuée
dans des termes si flatteurs, qu'on ne pouvait
rien désirer de plus favorable. L'audience finit
par l'assurance que donna le général Savary,
que l'empereur était à peu de distance de
Bayonne, et qu'il se rendait à Madrid.

Mais il avait à peine quitté la salle d'audience, qu'il commença à faire les plus vives
instances pour engager S. M. à aller au-devant
de l'empereur, alléguant que cette marque de
déférence flatterait infiniment S. M. I., et lui
serait très-agréable ; et il répéta si souvent, et
en des termes si positifs, que l'empereur pouvait arriver d'un instant à l'autre, qu'il était
impossible de ne pas ajouter foi à cette asser-
tion. Qui eût pu, en effet, dans de telles circonstances, concevoir l'odieux soupçon qu'un
général, un envoyé de l'empereur, ne fût venu
que pour employer le mensonge et la séduc-
tion ?

Le roi céda enfin à de si vives et de si pressantes sollicitations, à des espérances aussi
flatteuses ; et l'amour qu'il portait à ses sujets,

joint à son vœu le plus ardent de les rendre heureux, en mettant fin à la cruelle crise où se trouvait la nation, l'emportèrent dans son cœur généreux sur tout sentiment de crainte et de répugnance.

Le jour fixé pour le départ de S. M. étant arrivé, le général Savary, redoublant de soins et d'attentions, sollicita l'honneur de l'accompagner dans son voyage « qui devait se pro- » longer tout au plus jusqu'à Burgos, d'après » l'avis positif qu'il venait de recevoir de l'ap- » proche de l'empereur. »

Avant de se mettre en route, le roi établit une junte suprême de gouvernement, com- posée des secretaires d'état, et présidée par son oncle, l'infant don Antonio, afin que les af- faires urgentes ne souffrissent pas de sa courte absence.

Le général Savary suivit le roi jusqu'à Bur- gos dans une voiture séparée ; mais l'empereur n'y étant pas encore arrivé, il mit tout en usage pour engager S. M. à continuer son voyage seulement jusqu'à Vittoria. On discuta longue- ment sur le parti qu'il convenait de prendre ; mais l'artifice, la bassesse et la perfidie de- vaient toujours prévaloir sur l'honneur, l'in- nocence et la bonne foi, et dans une lutte aussi inégale, S. M. ne consultant que les mêmes motifs qui l'avaient déterminée à entreprendre ce voyage, prit le parti de poursuivre jusqu'à Vittoria.

Le général Savary, convaincu que le roi était résolu à ne pas aller plus avant, partit pour Bayonne, dans l'intention sans doute d'informer l'empereur Napoléon de tout ce qui s'était passé, et de prendre ses ordres relativement aux moyens qu'il fallait employer pour déterminer S. M. à se séparer de son peuple.

Le roi fut alors informé du départ de l'empereur Napoléon de Bordeaux, et de son arrivée prochaine à Bayonne. En conséquence de cet avis, l'infant don Carlos, qui était resté à Tolosa, se mit en route pour Bayonne, où l'empereur l'avait invité à se rendre.

Il ne se passa rien de particulier à Vittoria, si ce n'est que la junte suprême de gouvernement à Madrid ayant écrit que le grand-duc de Berg avait impérieusement demandé que le favori fût relâché et remis entre ses mains, S. M. ne crut pas devoir accéder à cette demande; et en communiquant cette détermination à la junte, elle lui enjoignit de n'entrer dans aucune explication avec le grand-duc, relativement au sort du prisonnier (1).

_____

(1) Tout le monde sait que le prisonnier fut enfin livré aux

En attendant, le général Savary était occupé à concerter avec l'empereur de quelle manière ils dénoueraient cette odieuse intrigue; et tandis que les troupes françaises faisaient des mouvements suspects dans les environs de Vittoria, il revint dans cette ville, porteur de la lettre n°. 3, que l'empereur Napoléon avait écrite à S. M.

Au contenu de cette lettre, dont les expressions n'étaient néanmoins ni flatteuses, ni décentes, le général Savary ajouta les plus fortes protestations pour convaincre le roi de l'intérêt que l'empereur Napoléon lui portait, ainsi qu'à la nation espagnole. Il dit entre autres choses: « Je veux qu'on me coupe la tête, si un » quart-d'heure après l'arrivée de Votre Majesté » à Bayonne, l'empereur ne vous a pas recon- » nu comme roi d'Espagne et des Indes. Pour » ne pas être inconséquent avec lui-même, il » commencera probablement par vous saluer » du titre d'Altesse; mais, quelques minutes » après, il vous donnera celui de Majesté; et » dans trois jours tout sera terminé, et Votre

---

Français, et conduit par eux sous escorte à Bayonne. La junte qui en donna l'ordre ne put se défendre de céder à des circonstances impérieuses et aux menaces péremptoires du grand-duc, comme je l'ai exposé plus au long dans mon Supplément.

» Majesté pourra retourner sur-le-champ en
» Espagne. »

Le roi hésita néanmoins sur le parti qu'il
devait prendre; mais voulant tenir à ses enga-
gements, et désirant sur toutes choses calmer
les inquiétudes cruelles dont ses bien-aimés
sujets étaient tourmentés, il bannit de son
cœur tout sentiment de crainte; et sourd à mes
conseils, à ceux des autres personnes qui
étaient à sa suite, et aux instantes prières des
habitants de sa bonne ville de Vittoria, il résolut
de se rendre à Bayonne. Son ame généreuse
était incapable de soupçonner qu'un souverain,
son allié, pût l'inviter à sa cour, à dessein de
l'y retenir prisonnier, et de renverser par un
coup d'éclat une dynastie qui, loin de l'avoir
offensé, lui avait donné des preuves si multi-
pliées et si convaincantes de son amitié.

Sa Majesté avait à peine mis le pied sur les
terres de France, qu'elle remarqua que personne ne venait à sa rencontre, et ce ne fut qu'à
St.-Jean-de-Luz que le maire se présenta avec
le corps municipal. Le carrosse s'arrêta, et le
maire témoigna à Sa Majesté la vive satisfaction
qu'il éprouvait d'être le premier Français qui
eût l'honneur de complimenter un roi qui était
l'ami et l'allié de la France.

Peu de temps après, S. M. fut rencontrée

**3**

par la députation des trois Grands d'Espagne,
qui avaient été envoyés au-devant de l'empereur Napoléon, et le compte qu'ils rendirent
de ses intentions n'était pas très favorable.
Mais il n'était plus possible de revenir sur ses
pas; on approchait de Bayonne, et bientôt
après le roi fit son entrée dans cette ville.

Il y fut reçu par le prince de Neufchâtel et
par Duroc, grand-maréchal du Palais, étant
escorté par un détachement de la garde d'honneur de Bayonne, jusqu'à la résidence qui lui
avait été préparée. Cette résidence parut à tout
le monde, et était en effet bien peu convenable à la dignité de l'hôte auguste qui devait
l'occuper. Cet oubli de toutes les convenances
formait un singulier contraste avec la magni-
ficence recherchée que le roi avait prescrite,
lorsqu'il fit faire à Madrid les préparatifs pour
la réception de son allié l'empereur Napoléon.

Le roi cherchait à deviner quel pouvait être
le motif d'une réception à laquelle il s'attendait
si peu, lorsqu'il fut informé que l'empereur venait pour lui faire visite. Sa Majesté Impériale
arriva en effet, accompagnée de plusieurs de
ses généraux. Le roi descendit à la porte de
la rue pour recevoir l'empereur, et les deux
monarques s'embrassèrent avec toutes sortes
de démonstrations d'amitié et d'affection. L'em-

pereur ne resta qu'un moment avec Sa Majesté,
et ils s'embrassèrent encore en se séparant.

Peu de temps après le maréchal Duroc vint
pour inviter le roi à dîner avec S. M. I., qui
avait envoyé des carrosses pour le conduire au
palais de Marac. Il s'y rendit sur-le-champ, et
l'empereur vint jusqu'à la portière du carrosse
pour recevoir S. M. Il l'embrassa de nouveau,
et le conduisit par la main jusqu'à l'apparte-
ment qui lui avait été préparé.

Le roi était à peine rentré dans sa résidence,
que le général Savary vint trouver S. M. pour
lui annoncer que l'empereur avait irrévoca-
blement résolu de renverser la dynastie des
Bourbons en Espagne, et d'y substituer la
sienne ; et qu'en conséquence S. M. I. exigeait
que le roi, tant en son nom qu'en celui de
toute sa famille, renonçât à la couronne d'Espagne et des Indes, en faveur de la dynastie
de Bonaparte.

Je peindrais difficilement la surprise et l'é-
motion de l'infortuné monarque, et la consternation subite dont furent frappés tous ceux
qui étaient autour de sa personne, en enten-
dant une semblable proposition. S. M. n'avait
pas encore pris le moindre repos, lorsque ce
même homme qui lui avait prodigué tant de
protestations, et qui lui avait répondu sur sa

3..

tête que tout s'arrangerait au gré de ser vœux, eut l'audace et l'impudence d'être porteur d'une proposition aussi scandaleuse.

Le jour suivant, je fus mandé par l'empereur au château de Marac, où je trouvai le ministre des affaires étrangères, M. de Champagny, qui m'attendait pour entrer en discussion sur la proposition verbale qui avait été faite par le général Savary. Je me plaignis sur-le-champ de la perfidie avec laquelle une affaire aussi importante avait été conduite, et je représentai que le roi, mon maître, était venu à Bayonne, se confiant dans les assurances qui lui avaient été données par le général Savary au nom de l'empereur, en présence des ducs de l'Infantado et S. Carlos, de don Juan Escoiquiz et de moi-même, que S. M. I. le reconnaîtrait dès la première entrevue qui aurait lieu entre les deux souverains au château de Marac; que S. M. m'avait autorisé à protester contre la violence faite à sa personne, en ne lui permettant pas de retourner en Espagne, et je finis par déclarer, d'une manière cathégorique et dans les termes les plus formels, que le roi ne pouvait consentir à renoncer à sa couronne en faveur d'une autre dynastie, sans manquer à ses devoirs comme souverain, et à ce qu'il se devait à lui-même; qu'il ne pouvait le faire au préjudice des individus de sa propre famille, qui étaient appelés à la succession par les lois fondamentales du royaume, et qu'il devait encore moins s'arroger un droit qui n'appartenait qu'à la nation espagnole, qui seule pouvait, à l'extinction de la famille régnante, appeler et choisir une autre dynastie pour occuper le trône.

Le ministre des affaires étrangères insista sur la nécessité de la renonciation demandée, et prétendit que l'abdication signée par Charles IV le 19 mars, n'avait pas été volontaire.

Je témoignai ma surprise qu'on exigeât que le roi renonçât *à sa couronne*, et qu'on prétendit néanmoins que l'abdication du père n'avait pas été un acte de sa propre volonté, et j'observai en même temps que je n'entrais dans ces détails que par forme de conversation, attendu que je ne pouvais reconnaître dans l'empereur Napoléon, le plus léger droit de se mêler d'affaires qui étaient purement domestiques et inhérentes au gouvernement espagnol, suivant en cela l'exemple du cabinet de Paris, lorsqu'il rejeta comme inadmissibles les réclamations de S. M. le roi Charles IV, en faveur de son allié et premier cousin, l'infortuné Louis XVI.

Néanmoins, comme je n'étais mû par d'autres motifs que celui de rendre hommage à la vérité et à l'innocence, j'ajoutai que trois semaines avant les troubles d'Aranjuez, Charles IV, en ma présence, et en celle de tous les autres ministres d'état, s'adressa à S. M. la reine, et lui parla en ces termes : » Marie- » Louise, nous allons nous retirer dans une de » nos provinces, où nous passerons nos jours » dans le repos ; et Ferdinand, qui est jeune, » prendra sur lui le fardeau du gouverne- « ment. »

Je représentai en outre à M. de Champagny que dans les journées des 17, 18 et 19 mars, il ne fut fait aucune violence à S. M. pour la forcer à abdiquer la couronne, ni par le peuple dont le soulèvement n'avait pour objet que de s'opposer au départ de la cour pour Séville, et ensuite pour l'Amérique ; ni de la part du prince des Asturies ou de toute autre personne. Que ces faits étaient connus des membres du corps diplomatique et des personnes de la cour, qui tous vinrent complimenter le nouveau souverain, à l'exception néanmoins de l'ambassadeur de France, qui prétendit n'avoir pas reçu d'instructions à cet effet, tandis que ses collégues, qui pouvaient encore moins en avoir reçu de leurs cours, ne balancèrent pas à reconnaître Ferdinand VII comme roi d'Espagne et des Indes.

Je finis par lui prouver que la renonciation
de Charles IV n'avait eu lieu qu'à cause du
désir qu'avait ce prince de mener une vie re-
tirée, et de la persuasion où il était que sa
constitution affaiblie par l'âge et les infirmités,
ne lui permettait plus de porter le pesant fardeau du gouvernement.

M. de Champagny n'ayant plus rien à objec-
ter à ce sujet, m'observa que dans le cas d'une
nouvelle guerre avec les puissances du Nord,
l'empereur ne serait jamais sûr de l'Espagne,
tant que cette nation continuerait à être gou-
vernée par une dynastie qui devait regretter
que sa branche aînée eût été chassée du trône
de France.

Je répondis que, dans un ordre de choses
régulier, de semblables préjugés ne prévalaient
jamais sur les vrais intérêts des nations, et que
la conduite politique de Charles IV, depuis le
traité de Bâle, offrait une preuve toute récente
que les souverains sont toujours prêts à sacrifier les intérêts de famille quand ils sont en
opposition avec les intérêts de leurs états ; que
la situation topographique des deux royaumes
suffisait d'elle-même pour démontrer combien
il était important pour l'Espagne de se maintenir en bonne intelligence avec la France, le
seul état sur le continent de l'europe avec le-

quel elle eût des relations directes et très
étendues, et qu'en conséquence il serait toujours de la politique de l'Espagne d'entretenir
une paix perpétuelle avec la France.

En outre, comment l'empereur pouvait-il
concevoir le moindre soupçon sur les intentions d'une nation qui, indépendamment des
considérations d'intérêt politique, était recommandable par la fidélité inflexible et religieuse
avec laquelle, dans tous les temps, d'après le
témoignage des écrivains français eux-mêmes,
elle avait persévéré dans son système fédératif!

J'ajoutai qu'il y avait des raisons non moins
importantes qui devaient engager la France à
ne pas arrêter le cours de cette bonne harmonie qui subsistait depuis le traité de Bâle, avec
autant d'avantage pour elle-même que pour
l'Espagne ; que si la nation espagnole, dont la
générosité et l'attachement à ses rois sont
comme passés en proverbe, s'était, par principe de fidélité, soumise si long-temps aux ca-
prices du despotisme, *lorsqu'il n'y avait plus
qu'un fantôme de royauté*, on devait, à plus
forte raison, s'attendre à la voir agir d'après le
même principe, et ne consulter que sa valeur
bien connue, s'il arrivait que son indépendance et la sûreté de son bien-aimé souverain
fussent violés ; que si malheureusement la

France commettait une insulte aussi atroce,
cette puissance perdrait un allié dont les armées, les flottes et les trésors ont, en grande
partie, contribué à ses triomphes ; que l'An-
gleterre qui avait fait de vains efforts pour
ébranler la bonne foi du cabinet espagnol,
dans la vue de le détacher de la France, ne
manquerait pas de tirer avantage d'une semblable circonstance pour diminuer les forces
de l'ennemi et augmenter les siennes, en éta-
blissant des relations pacifiques avec une puissance à laquelle elle offrirait de l'argent et ses
forces de terre et de mer, pour la protéger
dans la plus glorieuse des entreprises, celle de
défendre son indépendance, et de s'armer pour
la cause de son légitime souverain ; que dans
ce cas, les faibles colonies françaises n'au-
raient plus à leur disposition les forces mari-
times de l'Espagne, pour entraver les plans de
conquête de la Grande-Bretagne ; et que le
commerce anglais viendrait nécessairement
prendre la place de celui de France, qui jusqu'alors avait été particulièrement favorisé.

Indépendamment de ces considérations, qui
avaient un rapport direct avec les intérêts des
deux états, je m'étendis sur d'autres qui n'é-
taient pas moins pressantes, et qui touchaient
à l'honneur du cabinet français.

Je rappelai au ministre, qu'il fut signé à Fontainebleau, le 27 octobre dernier, un traité par lequel l'empereur garantissait l'indépendance et l'intégrité de la monarchie espagnole, et qu'il n'était rien survenu depuis qui pût justifier son infraction; que bien loin de-là, l'Espagne avait continué d'acquérir de nouveaux titres à la confiance et à la gratitude de l'Empire français, ce que S. M. I. elle-même avait reconnu, par les éloges qu'elle avait donnés à la bonne foi et à la constante amitié de son intime et premier allié (1).

Quelle confiance, ajoutai-je, l'Europe pourra-t-elle reposer dans ses traités avec la France, lorsqu'elle verra avec quelle perfidie celui du 27 octobre a été violé? Et de quelle terreur ne sera-t-elle pas frappée, en considérant les artifices, les trompeuses promesses et les séductions de tout genre que S. M. I. a mis en usage pour attirer le roi à Bayonne, et le dépouiller de sa couronne? La postérité ne croira pas que l'empereur ait pu lui-même

---

(1) L'Espagne, constante dans sa marche, a montré une activité, une bravoure, une fidélité dont nous n'avons qu'à nous louer. ( *Discours prononcé au corps législatif par M. de Champagny*, le 5 mars 1806. )

( *Note du traducteur.* )

souiller à ce point sa renommée, et que, per-
dant dans un moment tout le fruit de sa gloire,
il ait ainsi réduit le monde à ne voir son salut
que dans une guerre d'extermination?

Tel était l'état de la discussion, lorsque
l'empereur, qui avait prêté l'oreille à notre
conférence, nous ordonna d'entrer dans son
cabinet, où, à mon grand étonnement, je fus
insulté par S. M. I., de l'infâme dénomination
de traître, parce qu'ayant été ministre de
Charles IV, je remplissais les mêmes fonctions
sous le roi son fils. Il me reprocha avec véhé-
mence d'avoir prétendu, dans une conférence
officielle, avec M. de Montion, que mon
maître, pour arriver au trône d'Espagne, n'a-
vait pas besoin de la reconnaissance de l'empereur, quoiqu'elle pût être nécessaire pour
continuer nos relations politiques avec le gouvernement français.

S. M. I. mit encore beaucoup plus d'empor-
tement, dans le reproche qu'elle m'adressa,
d'avoir dit à un ministre étranger, accrédité
auprès de la cour d'Espagne, que si l'armée
française cherchait à porter atteinte à l'indépendance et à l'intégrité de la monarchie espagnole, 300,000 hommes lui prouveraient qu'une
brave et généreuse nation ne se laisse pas in-
sulter avec impunité.

Après ce mauvais traitement, dont je n'avais

qu'à me féliciter personnellement, eu égard
aux motifs qui me l'avaient attiré, mais qui
me fut bien pénible sous le rapport des intérêts
de mon auguste souverain, S. M. I., avec son
aigreur naturelle, entra en conversation sur les
points qui avaient déjà été discutés. Elle ne se
dissimulait pas la force de mes raisons, et la
solité des arguments par lesquels j'avais défendu
les droits du roi, de sa dynastie, et de toute la
nation ; mais S. M. finit en me disant : « J'ai un
» système de politique à moi. Vous devriez
» adopter des idées plus libérales, être moins
» susceptible sur le point d'honneur, et ne pas
» sacrifier la prospérité de l'Espagne aux in-
» térêts de la famille des Bourbons.

S. M. se défiant de la satisfaction apparente
avec laquelle je répondis aux attentions qu'elle
voulut bien me marquer, lorsque je pris congé
d'elle, envoya dire au roi, que les affaires qui
étaient en discussion exigeaient absolument un
négociateur plus flexible. Pendant que S. M.
cherchait qui elle pourrait nommer pour me
succéder dans cette négociation, il se trouva
parmi cette fourmilière de marionnettes qui
jouaient un rôle dans cette intrigue, un individu qui s'introduisit chez l'archidiâcre don
Juan Escoiquiz, et qui lui persuada de faire
une visite au ministre Champagny. Il s'y ren-

dit donc, poussé uniquement par le zèle le plus ardent pour les intérêts de S. M., et il détermina le ministre des affaires étrangères à lui communiquer les dernières propositions de l'empereur, que ledit seigneur Escoiquiz mit sur-le-champ par écrit. Elles sont rapportées textuellement sous le n°. 4 des pièces officielles.

Dans cet état de choses, S. M. jugea digne de toute sa confiance le seigneur don Pedro de Labrador, ci-devant ministre à la cour de Florence, et conseiller honoraire d'état, et il fut investi de pleins pouvoirs et d'instructions convenables, qu'on trouvera également sous le n°. 4; il eut ordre de les présenter au ministre des affaires étrangères, et de lui demander en échange ses pleins pouvoirs, et de se faire remettre dans une forme authentique les propositions de S. M. I. L'une et l'autre de ces deux demandes furent rejetées par le ministre Champagny, sous le prétexte frivole, *que c'étaient des choses de forme, et tout-à-fait distinctes de l'objet essentiel de la négociation.*

Le seigneur Labrador insista, mais toujours inutilement, sur l'importance de ces deux demandes, surtout dans une affaire d'un aussi grand intérêt, ajoutant que sans cela il ne pouvait entrer dans aucune discussion, et que le roi son maître les autorisait, s'ils le jugeaient nécessaire, à changer les instructions qui lui avaient été données. Néanmoins, M. de Champagny parla des dernières propositions de l'empereur, qui étaient un peu différentes de celles qui avaient été faites par le général Savary, mais non moins violentes et insultantes; et il finit par dire au seigneur Labrador, que le salut de l'Espagne et le sien étaient actuellement en son pouvoir.

Ce ministre répondit, qu'il allait communiquer au roi son maître ces nouvelles propositions. Il fit à ce sujet les réflexions que lui suggérèrent naturellement ses talents, son zèle pour le service de son souverain, et le bonheur de son pays; et il déclara que les intérêts de son souverain, et ceux de la nation, étaient inséparablement unis. Il ajouta, que dans les différentes situations où il s'était trouvé, il avait constamment dirigé son attention vers ces deux objets, étant en effet bien convaincu, qu'il n'y aurait jamais de salut pour lui, que dans sa fidélité à son roi, et à son pays, et dans son inébranlable fermeté à ne jamais dévier du chemin de l'honneur dans l'exercice de ses fonctions. Le seigneur Labrador, avant de mettre fin à la conférence, demanda à M. de Champagny, si le roi était libre? A quoi le ministre français répondit, qu'on ne pouvait élever aucun doute à ce sujet. Dans ce cas, répliqua D. Labrador,

on ne doit donc pas se refuser à le rendre à son
peuple ? Le ministre français répondit que :
« Quant au retour de S. M. en Espagne, il était
» nécessaire qu'elle s'entendît à ce sujet avec
» S. M. I., ou personnellement, ou par let-
» tre. » (1)

_____

(1) Dans son rapport du 24 avril 1808, lu au sénat le 6 septembre suivant, et imprimé dans le *Moniteur* du 7, M. de
Champagny ( duc de Cadore ), avait déjà prononcé sur le sort
de la victime, en disant à l'empereur son maître : « L'Espagne
» sera toujours l'ennemie cachée de la France; il faut qu'un
» prince, ami de la France, règne en Espagne : c'est l'ouvrage
» de Louis XIV qu'il faut recommencer. *Ce que la politique*
» *conseille, la justice l'autorise !* » Quelle maxime à la fois
absurde et odieuse ! L'asservissement de l'Espagne dépendait-il
donc d'un décret signé *Napoléon ?* C'était, au reste, la même
diplomatie pour les petites usurpations comme pour les grandes.
Ainsi, la politique voulait que Napoléon fît élever un palais à
son fils ( qui n'était pas encore né ) sur la propriété d'un de ses
sujets, et il *était juste* que celui-ci fût dépouillé et chassé de
sa maison. Voilà la doctrine de l'ancien intendant M. Daru,
de son successeur M. de Champagny, ainsi que du premier
architecte etc., etc., etc, de la maison de Napoléon. On as-
sure que le particulier qui a été victime de cet acte de despotisme est père de quatre enfants, et que la perte qu'on lui a fait
éprouver est au moins de 400,000 fr. Voilà quelle récompense
on lui réservait pour d'anciens services, dans une carrière in-
grate à la vérité, puisqu'il ne pouvait payer son tribut d'admi-
ration à Napoléon, qu'en lui rendant fidèlement toutes les
louanges qu'on lui prodiguait dans les gazettes anglaises. Félici-
tons ce particulier, qui a osé, sous le règne même de Napoléon, intenter une action judiciaire *pour cause de lésion de*

Cette réponse, ajoutée aux autres circonstances, ne laissa plus aucun doute dans l'esprit
du roi, qu'il ne fût actuellement à Bayonne en
état d'arrestation; mais pour rendre encore
plus patente la violence exercée envers S. M.,
j'envoyai, d'après ses ordres au ministre des
affaires étrangères, la note n°. 5, lui disant que
le roi avait résolu de retourner à Madrid, pour
calmer l'agitation de ses bien-aimés sujets, et
suivre le cours des affaires urgentes qui exigeaient nécessairement sa présence. J'assurai
en même temps M. de Champagny, que je conti-
nuerais à traiter avec S. M. I. sur tous les objets
qui seraient d'un avantage réciproque. On ne
répondit point à cette note, et elle n'eut d'autre
effet que d'augmenter les précautions et la
surveillance déjà employées pour la détention
de S. M.

Le seigneur Labrador n'était certes pas
d'humeur à servir leurs projets; aussi s'empres-

---

*sept douzièmes*, contre son intendance générale. Sans doute il
devait perdre son procès en première instance, puisque *tous
les agents* de Bonaparte s'étaient ligués contre lui. Mais sous ce
règne, les agents étaient aussi despotes que leur maître, qui se
félicitait avec eux de leurs tromperies. Il sera publié sur cette
affaire, qui n'est pas finie, un Mémoire très détaillé, appuyé de
toutes les pièces, et où l'on verra figurer des personnages bien
puissants alors. Mais cette publication n'aura lieu que lorsque
le règne de la justice aura recommencé sous notre légitime souverain. (*Note du traducteur.*)

sèrent-ils de s'en débarrasser , sous prétexte qu'il n'était pas d'un rang correspondant à celui de M. de Champagny, et qu'il n'avait pas assez de souplesse dans le caractère.

Tous les détours de la diplomatie insidieuse de M. de Champagny ne purent ébranler la fermeté du roi, non plus que le zèle de ses ministres ou des personnes de sa suite, qui tous délibérèrent dans un conseil, en présence de S. M., sur les vrais et seuls intérêts du roi et de la nation ; de sorte que l'empereur se vit dans la nécessité de changer de plan, et il prit le parti de faire venir à Bayonne le roi Charles IV et la reine, pour qu'ils devinssent, entre ses mains, les instruments de l'oppression et de la disgrâce de leur fils. Pour cet effet, il ordonna au grand-duc de Berg d'employer toutes sortes d'artifices pour accélérer leur départ pour Bayonne.

Le roi et la reine demandèrent que le favori les précédât dans ce voyage, et le grand-duc de Berg fit diverses tentatives auprès de la junte de gouvernement pour obtenir sa liberté. La junte n'avait pas le droit de la lui accorder, ayant, comme on l'a vu, reçu à ce sujet de Vittoria des ordres contraires de la part de S. M. ; mais le conseil s'étant laissé séduire par les suggestions insidieuses de S. M. I., et intimider par les menaces du grand-duc, qui déclarait vouloir obtenir par la force ce qu'on ne lui accorderait pas de bonne grâce, la junte ordonna la mise en liberté de don Manuel Godoi, qui fut sur-le-champ conduit à Bayonne avec une forte escorte. Le décret, N°. 6, signé *de la propre main du roi*, est une preuve authentique de l'ordre qui avait été donné à ce sujet par S. M.

Le roi et la reine se mirent en route, et leur voyage se fit avec une précipitation que ne comportait guère l'état de mauvaise santé de Charles IV; mais l'inexorable empereur le voulait ainsi.

Cette nouvelle intrigue offrait néanmoins les plus grandes difficultés. S. M. I. ne pouvait venir à bout de ses desseins qu'en étouffant dans le cœur d'un père toute espèce de sensibilité, et il fallait que Charles IV devînt lui-même l'accusateur, le geolier, et le bourreau de ses enfants. Il les aimait tous, qroiqu'il eût montré des sentiments de prédilection pour certains d'entre eux. Quand même il eût eu des griefs contre son fils aîné, on ne pouvait supposer qu'il enveloppât toute sa race dans une infâme proscription. La religion, la nature, l'honneur, l'amour de la patrie, tous les plus nobles sentiments devaient être foulés aux pieds. Napoléon remporta cet odieux triom-

phe ! L'Europe contemple avec effroi cet événement, qui vient de se passer sous ses yeux,
et la postérité aura peine à le croire !

Je laisse à la sagesse des souverains de juger
s'il est possible qu'un monarque très-attaché à
ses enfants, recommandable pour ses lumières,
et pieux sans superstition, ait pu, *sans qu'on
employât la violence contre sa personne*, oublier ainsi tous ses devoirs envers sa famille, et
proscrire sa dynastie, pour céder son trône à
un individu pour lequel il n'avait pas la moindre estime, et qu'au contraire il abhorrait
comme un usurpateur !

Ferdinand VII, intimidé, prisonnier, et cé-
dant à des circonstances impérieuses, fit le
1er. mai une renonciation conditionnelle de sa
couronne en faveur de son auguste père (N°. 7).
Le roi écrivit en conséquence à son fils la lettre
N°. 8. La réponse pleine de discrétion de Ferdinand VII à son père est sous le N°. 9.

Le 5 du même mois de mai, vers les quatre
heures de l'après-midi, l'empereur fut rendre
visite au roi et à la reine. Il resta en conférence
jusqu'à cinq heures, et le roi Ferdinand fut
ensuite mandé par son auguste père pour entendre, en présence de la reine et de l'empereur, des
expressions si dégoûtantes et si humiliantes, que
je n'ose pas les mettre sur le papier. Tous étaient

assis, excepté le roi Ferdinand, à qui son père ordonna de faire une renonciation absolue de la couronne, sous peine d'être traité, avec toute sa maison, comme usurpateur du trône, et conspirateur contre la vie de ses parents.

S. M. aurait préféré la mort ; mais ne voulant pas entraîner dans ses malheurs tant de personnes que la proscription devait atteindre également, il consentit à faire une nouvelle renonciation ( N°· 10 ), laquelle offre tous les caractères de la contrainte et de la violence.

Voilà les seuls actes de renonciation dans lesquels je sois intervenu comme ministre et secrétaire d'état. Quant à celle qu'on dit avoir eu lieu à Bordeaux, je n'en ai pas la moindre connaissance ; mais je sais que l'empereur, dans sa dernière conférence avec Ferdinand VII, dit à S. M.: *Prince, il faut opter entre la cession, ou* LA MORT.

Quant aux événements subséquents, tout le monde sait que Charles IV renonça à sa couronne en faveur de l'empereur Napoléon, au même instant où le prince des Asturies, l'infant don Carlos son frère, et son oncle l'infant don Antonio, furent forcés de renoncer à leurs droits au trône. Napoléon, se croyant alors maître absolu de la couronne d'Espagne, la plaça sur la tête de son frère Joseph-Napoléon, roi de Naples.

On a déjà vu que le roi, en partant de Madrid, avait laissé à une junte, présidée par l'infant don Antonio, les pouvoirs nécessaires pour diriger les affaires du gouvernement. J'expédiais tous les soirs un courrier à cette junte, pour lui transmettre les ordres de S. M.

Lorsque nous fûmes arrivés à Bayonne ( et le jour même de notre arrivée, les intentions violentes et ambitieuses de l'empereur furent communiquées à la junte ), je commençai à craindre que notre correspondance extraordinaire ne fût interceptée, et nous en acquîmes bientôt la certitude. Parmi les différentes explications que j'eus avec le ministre Champagny, relativement aux divers accidents qui avaient occasionné la détention de plusieurs courriers du cabinet, la réponse qu'il fit à l'une de mes remontrances à ce sujet est assez remarquable. Elle est jointe aux pièces justificatives, sous le N°. XI. Dans cet état de choses, j'eus soin d'envoyer mes dépêches par *duplicata*. C'est par ce moyen que je parvins à faire connaître à la junte de gouvernement l'arrestation du roi, et l'état d'esclavage, et d'oppression sous lequel il gémissait.

Il était aisé de prévoir que la liberté de la junte ne serait pas respectée, puisque nonobstant les assurances les plus positives de la part de l'empereur Napoléon, notre bien-aimé sou-

verain se trouvait prisonier à Bayonne; et
que le courage des membres qui la composaient, quelque prononcés qu'ils fussent, fini-
rait par être ébranlé par le pouvoir irrésistible
de celui qui représentait l'empereur. C'est sans
doute à cette crainte que l'on doit attribuer
que la junte n'ait pas eu recours, dans la crise
où se trouvait l'état, à la mesure salutaire de
nommer une régence, qui se serait assemblée
dans une ville où elle eût pu être à l'abri des
baïonnettes de l'ennemi.

Le roi fut surpris que la junte n'eût point
écrit, et la poste suivante, je lui expédiai un
décret royal ainsi conçu : *la junte exécutera*
*tout ce qu'elle jugera nécessaire pour le ser-*
*vice du roi et du royaume, et pour cet effet,*
*elle a tous les pouvoirs dont S. M. elle-même*
*serait investie, si elle était résidente dans le*
*royaume* (1).

On ne pouvait rien écrire de plus clair. La
sûreté des moyens de communication diminuait
à tout moment, et l'on ne devait pas, en effet,
s'attendre que l'empereur Napoléon aurait le
moindre respect pour la correpondance d'un
souverain, qui se trouvait être son prisonnier.

---

(1) Le courrier du cabinet qui était porteur de ce décret fut
intercepté, et j'en envoyai en conséquence un *duplicata* qui fut
reçu par la junte.

Néanmoins, la junte pensa qu'il était de son devoir de consulter S. M., et de solliciter ses ordres relativement aux différentes mesures qui lui paraissaient nécessaires pour le salut de l'état; et pour cet effet, elle députa à Bayonne une personne dont le zèle et la discrétion lui étaient bien connus, pour transmettre verbalement à S. M. les questions et propositions suivantes, savoir :

1°. Si S. M. jugeait convenable d'autoriser la junte à nommer un conseil qui pût se transporter par-tout où besoin serait, pour gérer librement les affaires du gouvernement; et dans ce cas, S. M. était suppliée de désigner elle-même les membres qui composeraient ce conseil ?

2°. Si Sa Majesté désirait que les hostilités commençassent contre l'armée française; et dans ce cas, à quelle époque et comment ce plan serait-il mis à exécution ?

3°. S'il était pareillement dans l'intention de S. M. qu'on gardât les frontières pour empêcher qu'il n'entrât en Espagne un plus grand nombre de troupes françaises ?

4°. Si S. M. jugeait qu'il fût convenable de convoquer les cortès; et dans ce cas, il était nécessaire que le conseil royal reçût de S. M. un décret *ad hoc*. Comme il était possible qu'à l'arrivée de la réponse du roi, la junte ne fût

pas en liberté d'agir, on demandait si toute
espèce de chancellerie, ou de cour du royaume,
qui se trouverait à l'abri de toute influence
française, pourrait alors exécuter les ordres
de S. M., qui lui seraient transmis par la junte.
Enfin, dans le cas où les cortès seraient con-
voqués, quels étaient les objets qui seraient
soumis à leur discussion ?

La personne qui fut chargée de transmettre
ces questions et ces propositions au roi arriva
à Bayonne le 4 mai au soir, et après qu'elle
m'eût fait part de l'objet de son voyage, je la
conduisis sur-le-champ auprès de S. M.

Le roi ayant pris en considération les quatre
propositions qui lui étaient soumises par la
junte, y répondit par deux décrets royaux qui
furent expédiés le lendemain matin, l'un écrit
de la propre main de S. M., fut adressé à la
junte du gouvernement, et l'autre signé par
S. M., *yo el rei*, fut adressé en premier lieu
au conseil, puis à toute chancellerie, ou à toute
cour du royaume, qui ne serait sous aucune
influence étrangère.

On sait que ces deux décrets parvinrent entre
les mains de l'un des membres de la junte, qui
est actuellement absent (1); mais il n'en fit au-

_____

(1) Lorsque ces deux décrets parvinrent à la junte, le grand.
duc de Berg en était depuis quelques jours le président, et la

cun usage, et il n'adressa même pas au conseil le décret qui le concernait.

Les minutes de ces deux décrets ne sont pas restées entre mes mains, parce que la situation critique où se trouvait le roi à Bayonne, et la crainte que ses desseins ne fussent connus, me mirent dans la nécessité de les brûler. Néanmoins je les ai retenus de mémoire, et ils sont attestés et certifiés par les trois secrétaires de S. M., et don Eusebio Bardaxi y Azara, don Louis de Onis, et don Evaristo Perez de Castro, qui étaient avec moi à Bayonne, et eurent connaissance des originaux de ces deux décrets, dont je vais donner la substance.

Le roi écrivait à la junte de gouvernement « qu'il n'était pas en liberté, et qu'il ne pou- » vait en conséquence prendre aucune mesure » pour la conservation du souverain et de la » monarchie. D'après ces considérations, il » donnait à la junte les pouvoirs les plus illimi- » tés. Elle pouvait se transporter partout où » elle le jugerait convenable, et exercer au » nom de S. M. toutes les fonctions de la sou-

---

catastrophe du 2 mai avait eu lieu. L'empereur, après le départ du roi et de la reine, avait fait transporter précipitamment et indécemment à Bayonne tous les membres de la famille royale qui étaient restés dans la capitale. Il n'y avait plus d'autre mesure à prendre que de s'emparer du gouvernement, et c'est pour cela qu'eut lieu la scène horrible et sanglante du 2 mai.

» veraineté. Les hostilités devaient commencer
» du moment où le roi serait conduit dans l'in-
» térieur de la France, chose à laquelle il ne
» consentirait jamais; à moins d'y être forcé
» par la violence. Enfin, la junte devait, en cas
» de guerre, prendre les mesures nécessaires
» pour garder les frontières, et empêcher qu'il
» n'entrât de nouvelles troupes françaises dans
» la Péninsule (1).

Le décret adressé au conseil royal portait:
« Que les Cortès seraient assemblés dans le lieu
» le plus convenable; qu'ils s'occuperaient
» d'abord des levées de troupes et de subsides
» nécessaires pour la défense du royaume, et
» que leur session serait permanente pour
» prendre par la suite les mesures convenables
» suivant l'occurrence des événements (2). »

---

(1) Le concert parfait qui a eu lieu entre les ordres donnés
par le roi à la junte, par son décret royal du 5 mai, et la résolution simultanée prise par ses fidèles sujets, est extrêmement remarquable. Nous avons vu en effet toutes les provinces de la
monarchie se lever spontanément pour résister à l'oppresseur,
sans même avoir eu connaissance de la volonté de leur souverain.

(2) Nous soussignés, secrétaires du roi pour les decrets,
certifions avoir vu et lu à Bayonne les deux décrets originaux
envoyés par sa majesté Ferdinand VII, le 5 mai de cette année,
mentionnés ci-dessus, et que leur contenu, autant que nous

J'ai fait connaître les moyens honteux dont l'empereur Napoléon s'était servi pour obtenir des membres de la dynastie régnante leur renonciation à la couronne d'Espagne; mais pour consommer son usurpation, Bonaparte avait encore d'autres violences à exercer. Tout aveuglé qu'il était par l'extravagance de son ambition, il sentait néanmoins combien ces actes de renonciation étaient peu propres à lui concilier la faveur publique, et il résolut en conséquence de les faire sanctionner par une espèce d'assemblée soi-disant nationale, qu'il convoqua B ayonne pour le 19 mai.

Il nomma environ cent cinquante espagnols de différentes classes et conditions pour composer cette assemblée, et sur ce nombre il n'y en eut qu'environ quatre-vingt-dix qui se rendirent à Bayonne. La plupart de ces députés, et entre autres ceux du conseil, n'avaient aucuns pouvoirs, et les autres n'avaient reçu que des instructions tout-à-fait étrangères à l'objet de la convocation.

L'empereur était convaincu que les délibérations de cette assemblée donneraient le

___

pouvons nous en souvenir, était tel qu'on l'a énoncé dans cet Exposé.

*Signés* Eusébio de Bardaxi y Azara, Luis de Onis, Evaristo Pérez de Castro.

Madrid, le premier septembre 1808.

change à l'opinion publique, et qu'il parviendrait ainsi á masquer son usurpation. Mais il fut déçu complètement. Au lieu de trouver des hommes faibles et prêts à seconder ses vues ambitieuses, il ne rencontra que des ministres incorruptibles, des grands dignes de leur rang, et de fidèles représentants qui ne montrèrent d'autre disposition que celle de défendre les intérêts et l'honneur de leur patrie. Tous d'un commun accord informèrent l'empereur que leurs pouvoirs étaient très restreints, qu'ils n'étaient que les légitimes représentants de la nation; et qu'ils ne pouvaient prononcer légalement sur des questions d'un aussi grand poids.

Ces réflexions, et d'autres semblables, furent traitées avec insolence et repoussées avec dedain au tribunal de l'usurpateur, qui, loin d'être découragé, mit au contraire en usage tous ses moyens d'oppression, se flattant que par des victoires d'une part, et de l'autre par la corruption, il parviendrait à tellement déguiser ses injustices que le monde y serait trompé et qu'on ne verrait en lui que le restaurateur, au lieu du destructeur de l'ordre social.

Je n'entrerai pas dans le détail des intrigues et des événements particuliers qui eurent lieu pendant la tenue de cette assemblée; mais un des ministres du conseil de Castille, personnage des plus honorés dans son corps, veut

bien sé charger de satisfaire à ce sujet la cu-
riosité publique (1).

_____

(1) L'empereur Napoléon, pour séduire les membres de
cette assemblée, avait fait rédiger une constitution qui *semblait*
promettre à la nation espagnole, sous son règne, les plus grands
avantages. C'était, sous d'autres noms, la même constitution
qui *pesait* sur la France et sur tous les pays déjà subjugués. Les
députés qui composaient cette junte étaient pour la plupart trop
éclairés pour se laisser prendre à cette amorce. Les ministres de
Napoléon leur donnaient tous les jours de grands dîners ; on
tâchait de corrompre les plus influents, tous devaient être com-
blés d'honneurs, de biens, etc., etc., etc. Mais on apprit tout
à coup que l'insurrection qui avait été allumée par des pam-
phlets, que Napoléon avait fait répandre avec profusion en Espagne contre la famille royale, y faisait de grands progrès, et
que la colère du peuple contre l'usurpateur était à son comble.
Dès-lors plus de ménagements pour des ingrats. La junte est
mandée à Marac. On lui fait les plus amers reproches, et néanmoins on donne à plusieurs députés des places *qu'ils n'osent
pas refuser*, et tous, pour obtenir la liberté de retourner dans
leur patrie, sont forcés de prêter serment au roi Joseph. J'ai
ouï dire par un particulier qui se trouvait alors à Bayonne,
qu'un ministre de Napoléon lui ayant demandé ce qu'il pensait
de ce grand changement, opéré subitement et comme par en-
chantement, ce particulier lui répondit, en lui mettant sous les
yeux le commencement d'un chapitre de la Vie de Léon X, tra-
duite de l'anglais, où il est dit ou à peu près : « Il arrive sou-
» vent que les desseins qui paraissent les mieux concertés par
» la prudence tournent à la honte et à la confusion de ceux qui
» n'ont pas des intentions droites. » Le ministre ne dit mot,
mais le particulier eut peut-être à se repentir de sa franchise.

( *Note du traducteur.* )

Je devrais passer sous silence ce que j'ai souffert pour mon roi et pour mon pays. La vérité est, que je n'ai pas souffert, puisque dans tout ce que j'ai fait, je n'ai rempli que les devoirs les plus sacrés. J'éprouvais la plus vive satisfaction à voir mon logement à Bayonne, environné par les satellites du tyran, et par ces vils espions qui abondent toujours là où l'autorité est entre les mains de ceux qui, dans l'histoire, usurpent le titre de héros. Mes pas étaient comptés, mes visites observées, et l'espionnage, sous le masque même de la compassion, cherchait à pénétrer mes plus secrètes pensées ; mais rien ne troublait la tranquillité de mon ame. Ce que je supportais le moins patiemment, c'était de me voir condamné à rester prisonnier en France. Je fis en vain, pendant deux mois, les démarches les plus importunes auprès du ministre des affaires étrangères, pour obtenir mon retour dans ma patrie. La résistance vigoureuse que j'avais opposée au plan d'usurpation, rendit le gouvernement français sourd à mes prières. Il craignait, avec raison, sans doute, que le récit que je ferais de tant d'événements scandaleux, n'augmentât encore cet héroïsme de mes compatriotes, qu'on flétrissait du nom d'insurrection dans les journaux de Bayonne.

Dans des circonstances aussi défavorables, il se présenta un moyen de me soustraire à un éternel bannissement. Joseph Napoléon me fit les instances les plus pressantes, et les plus réitérées, pour que je continuasse à exercer sous lui les fonctions de mon ministère; et voyant par-là une porte ouverte à mon affranchissement, je me décidai à accepter, bien résolu néanmoins à faire usage de mes droits, lorsque j'en aurais la liberté. L'occasion s'en présenta dès le moment de notre arrivée à Madrid, et j'envoyai ma démission, dont copie est jointe aux pièces officielles sous le N°. XII. Joseph Napoléon ne pouvait regretter un ministre qui s'était montré si souvent opposé à ses vues, et qui, d'après les idées de ceux qui avaient une plus grande part à sa confiance, était, dans ses maximes, un Don-Quichotte, *qui ne pouvait comprendre les sublimes intentions du plus grand des héros, en faveur de la régénération de l'Espagne.*

Non, sans doute, je n'ai jamais compris qu'on fût capable d'autant de perfidie et de déloyauté! Je n'ai jamais compris qu'un empereur, qui paraissait attacher quelque prix à la gloire, voulût ternir dans un seul jour, par le plus lâche des attentats, toute celle qu'il avait acquise par ses victoires! Je connaissais bien son ambition démesurée, son caractère perfide, son mépris de tout ce que les hommes regardent comme choses sacrées, la religion, la foi des serments et celle des traités; mais je ne croyais pas, qu'*ennemi de sa gloire et de son repos, il voulût être lui-même l'artisan de sa perte*, en provoquant une révolution qui devait le montrer à la France, à l'Europe et au monde entier, *comme le plus grand fléau de l'humanité*.

Oui, et nous osons le prédire, cette guerre sacrilége qu'il a suscitée, tournera à sa confusion, les cabinets de l'europe, ouvriront enfin les yeux sur ses projets dévastateurs, et les peuples réunis ne formeront plus qu'un seul vœu, qui sera commandé par le salut de tous, celui de sa destruction.

Madrid, le 1ᵉʳ. septembre 1808.

## FIN.

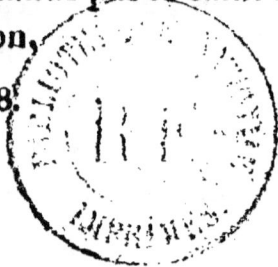

*N. B.* Les pièces officielles énoncées dans cet Exposé, seront imprimées sous peu de jours, dans l'ordre de leurs Nᵒˢ., et formeront une petite brochure séparée.

www.ingramcontent.com/pod-product-compliance
Lightning Source LLC
LaVergne TN
LVHW021731080426
835510LV00010B/1195